Patrick TRAUBE

Péchés capitaux, péchés capiteux

Patrick TRAUBE

Péchés capitaux, péchés capiteux

Avec la complicité du dessinateur Serdu

Éditions Vie

Imprint

Cover image: www.ingimage.com

Publisher:
Éditions Vie
is a trademark of
Dodo Books Indian Ocean Ltd., member of the OmniScriptum S.R.L Publishing group
str. A.Russo 15, of. 61, Chisinau-2068, Republic of Moldova Europe
Printed at: see last page
ISBN: 978-3-330-72119-7

VOUS AURIEZ UN GUIDE POUR LES 7 PÉCHÉS CAPITAUX ?
i
Serly.

Patrick TRAUBE

PECHES CAPITAUX

PECHES CAPITEUX

Avec la complicité du dessinateur **SERDU**

Je remercie Claire DEBONGNIE de m'avoir rappelé que le chiffre "sept", n'avait rien d'innocent.

TABLE DES MATIERES

"Qui le dirait? La vertu même a besoin de limites"
(Montesquieu)

Votre vieille Bible sommeille depuis des lustres sous ses craquelures poussiéreuses? Inutile de sonner le tocsin ou de carillonner les Matines! Les Vénérables n'apprécient guère qu'on rudoie leurs songes par des curiosités intempestives ou des enthousiasmes pressants.
Vous n'en avez cure?
La curiosité l'emporte sur le sens des convenances?
Soit!
Egrenez le Deutéronome, effeuillez méthodiquement le Lévitique, esbaudissez-vous dans Les Prophéties d'Ezéchiel ou l'Apocalypse de Saint-Jean.

La quête sera vaine et décevante. Vous n'y trouverez nulle trace d'une quelconque classification calamiteuse, d'un recensement de forfaits, d'une nomenclature de "Péchés" qui seraient dénommés "Capitaux" et numérotés de un à sept.

Ne hurlez pas à l'imposture!
N'invoquez pas la censure!
Sous les roches immergées du texte sacré, il y a anguilles embusquées et le pêcheur ("pêcheur" avec accent circonflexe!) qui sait cibler sa ligne ramènera des prises intéressantes. Ici, on y parle bien de l'Envie, là, de la Paresse (celle de l'esprit), là encore, de la Luxure ou de l'Orgueil. Mais, si ces turpitudes de l'âme sont évoquées, c'est toujours en leur désinence singulière, comme des langues de feu venant ourler, çà et là, la surface du Saint-Ecrit. Elles y jouent en solo et, faut-il le dire, sans grand souci d'ensemble.

Ne crions donc pas à l'imposture mais dévoilons la procédure.
Et, pour ce faire, remontons avec patience le fleuve Temps d'aval en amont, de la confluence à la source. Admirons le paysage.
Le regroupement de ces malséances en déclinaison septénaire fut orchestré non par les auteurs bibliques mais par les doctes théologiens et moralistes de l'âge communément nommé "Moyen". Tressant les vieux "péchés" en collier, les Pères de l'Eglise les enfilèrent à la queue-leu-leu sur le même chapelet. Pour quelle raison? Mystère! Peut-être pour ajouter une nouvelle rime à la poétique des sept sacrements et des sept jours de la semaine; évertuer, une fois de plus, ce chiffre "7" qui, dans la symbolique judaïque, renvoie à l'idée de perfection, suggère l'aspiration humaine d'inspiration divine à la plénitude. La Bible ne nous enjoint-elle pas de pardonner à nos frères septante sept fois sept fois? La sagesse populaire (qui souvent en dérive) n'impose-t-elle pas sept circonvolutions à notre langue, avant d'ouvrir la bouche pour médire?

Mais, quel intérêt y a-t-il, direz-vous, à disserter sur ce sinistre septuor, à cibler cette nomenclature de vilenies quelque peu désuète? En quoi les peaux de bananes que jette sous nos semelles l'Immonde Tentateur depuis l'histoire de la pomme et l'éviction d'Adam et Eve du Jardin d'Eden concernent-elles aujourd'hui l'édiction d'une psychologie qui se veut scientifique ou, à tout le moins, entend en donner les gages? De la théologie judéo-chrétienne à la psychologie du vidéo-vingtième, des docteurs de l'Eglise aux doctes heures des séminaires freudiens, il y a tout de même une distance, la distance de plus de mille ans.

Certes!
Mais, comme on sait grâce aux théories du Père EINSTEIN, les grandeurs sont toutes relatives et fonction du point de vue que l'on adopte. Pour l'amateur de rapprochements audacieux ou de parallèles obliques, il peut être amusant - et, qui sait, éclairant - de se demander ce qu'évoque pour l'homme/la femme de l'ère numérique (vous et moi) tous ces péchés censés dévoyer les âmes, de les confronter aux connaissances actuelles sur la psyché humaine telles qu'elles émergent des théories psychologiques, de l'observation de notre quotidien, du frotti-frotta avec les aspérités, tantôt rudes, tantôt douces, de la vie.

Ce court essai (comme on dit: court-bouillon!) enfilera donc les péchés capitaux sur un collier de sept questions posées par une journaliste sur le mode de l'interview (*). Il en conservera la concision de style et l'esprit frondeur. Pour corser la soupe, il s'autorisera seulement quelques adjonctions : trois offenses supplémentaires, trois "péchés" nouveaux qui, pour n'être point "capitaux" n'en montent pas moins à la tête comme un

Château Margaux millésimé et qu'on nommera pour la mauvaise cause: péchés "capiteux".

A la manière de Ghelderode ("Le Sommeil de la Raison"), ouvrons donc le rideau du grand théâtre de la Tentation et exposons-en la distribution.
Par ordre d'entrée en scène: la paresse, la colère, la luxure, l'orgueil, l'envie, la gourmandise, et l'avarice.

(*) Liste des questions posées:

- **Les paresseux** sont-ils de grands bébés qui refusent d'être des adultes responsables?
- Y a-t-il de bonnes et de mauvaises **colères**?
- Du "trop" ou du "trop peu" de **luxure**, lequel est le plus dangereux?
- Les gens **orgueilleux** sont-ils des gens qui se prennent trop au sérieux?
- **L'envie** peut-elle être un moteur qui nous incite à faire toujours mieux?
- Est-on **gourmand** pour compenser un manque ou n'est-ce pas simplement un grand appétit de vivre?
- Naît-on **avare** ou le devient-on?

L'avis du psychologue

Flair: Les paresseux sont-ils de grands bébés qui refusent d'être des adultes responsables?

Patrick Traube: Sur le plan psychologique, si la paresse signifie apathie, manque de goût, d'élan, indifférence au monde, aux autres et à soi-même, c'est un état pathologique qui indique la dépression. Si elle signifie un assentiment intime à la loi du moindre effort, c'est un signe de santé mentale car cette loi d'économie des forces (lorsque deux chemins aboutissent au même point, mieux vaut emprunter le plus facile) traduit la profonde sagesse instinctive du Vivant. Pour beaucoup de gens, le

"Entre paresse et caresse, il n'y a que la distance d'une lettre"

ides. L'essentiel
pas de réussir,
toujours
l'équilibrement
comme j'ai
productiviste
le travail
pas
rien ne
sans peine mais
obtient non plus
peine.
paresse et
distance d'une
n'est-il pas
aussi puissante
sillons à
risques, oser

L'avis du psychologue

Flair: Est-on gourmand pour compenser un manque ou n'est-ce pas simplement un grand appétit de vivre?

Patrick Traube: Si on utilise le mot "gourmand" comme métaphore, au sens de "avide de", "ayant grand appétit pour", il prend évidemment une coloration positive, devient synonyme d'élan, de passion dévorante ou de fureur de vivre.

Mais au sens propre (et usuel), la gourmandise désigne un certain rapport à la nourriture. Le gourmand mange plus que nécessaire et n'est jamais rassasié. Il y a, chez lui, recherche du "plein", du "trop plein". La jouissance naît de la sensation de comblement. C'est donc la quantité qui prime sur la qualité ou la nature des aliments incorporés. Qu'est-ce qui [...] ce comportement?

"Il existe une relation entre la nourriture et l'état émotionnel"

[...] d un constat: lorsque nous nous [...] maussades, cafardeux, dépri[...] nous avons tendance à "compen[...]" mangeant. Il existe donc une [...] évidente entre la nourriture et [...] tionnel. Rappelons-nous que [...] tion orale est la première [...] de relation du nourrisson [...] extérieur par le biais du [...] mère. A l'origine de la vie, [...] adéquation de la bouche et [...] du biberon), que le bébé [...] de base et sentiment [...] enfant pour qui ten[...] ne passent que par la [...] étant incapable d'a[...] en "gavant") devien[...] un adulte bouli[...] e.

[...] aire à une autre [...] logique: il se ra[...] poids pouvant

L'avis du psychologue

Flair: Les orgueilleux sont-ils des gens qui se prennent trop au sérieux?

Patrick Traube: "L'orgueil mal placé est source de bien des misères psychiques. Nous sommes tellement attachés à une certaine image favorable de nous-même que tout écart par rapport à cette image nous blesse profondément. Ainsi, si je souffre tant de ne pas me sentir à la hauteur de ce qu'on attend de moi, de ne pas réussir comme je le souhaiterais, de trembler comme une feuille lorsque je dois parler en public, n'est-ce pas, surtout, parce que je crains de donner une image de moi non conforme à celle que je veux (me) donner, celle d'un individu altruiste, performant, assuré? Cet orgueil-là n'est pas seulement [...] le fait des personnes [...] suffisantes, préten[...] tieuses, imbues de [...] leur ego. Il est [...] ent en chacun [...] nous, à des [...] s divers, [...] ent y échap[...] nous dépouillant de toute [...] de nous-même? Idéalement [...] cela suppose une ascèse inaccessible au commun [...] s que nous sommes. Je [...] plus modestement (!) [...] être dupe de notre [...] sant d'en devenir [...] apprenant à nous [...] te, peureuse, fragile, [...] et en reconnaissant [...] et souvent

"Se prendre au sérieux, c'est s'estimer digne d'intérêt"

L'AVIS DU PSY

LES 7 PECHES CAPITAUX

LA PARESSE

*"Nous avons plus de paresse dans l'esprit
que dans le corps." (La Rochefoucauld)*

*" Cent fois sur le métier, remettez votre ouvrage
à demain, si on ne vous paye pas le salaire d'
aujourd'hui" (J.Prévert)*

- Quel est votre problème, chère madame?
- Eh bien, voila! Mon problème, c'est la paresse.

Paresse!

Quand sa patiente lui présente, dûment estampillée, sa déclaration de paresse,
le psychologue, lui, se sent infiniment perplexe.
Pourquoi?
Pour une raison très simple: ce mot n'appartient pas à son vocabulaire canonique. Il pose à son “disque dur” un problème de décodage. Paresse! Terme de moraliste impliquant un jugement de valeur, une opinion normative, un argument d’autorité. Terme négativement connoté aussi, et historiquement daté. Depuis le dix-neuvième siècle, dans nos sociétés laborieuses et productivistes, ne célèbre-t-on pas les vertus du travail et de l'effort (dans l’euphonie d’"effort", on peut entendre "efficace" et "fort") comme, en d'autres temps et autres lieux, on fît l'éloge du “farniente”, de l’attention flottante, du laisser-aller ou du non-agir?

Comment notre psychologue imaginaire va-t-il traduire cet appel à l'aide pressant, formulé dans un idiolecte qui n'est pas le sien, cet aveu spontané du cœur, saisi dans un logiciel qui ne figure pas dans le menu de son outillage informatique?

Avec une prudente circonspection, *of course*!
- Madame, vous m'expliquerez tout à l'heure (avec exemples à l'appui, si possible, merci!) ce que ce terme signifie dans votre langue, mais au préalable autorisez-moi une question: est-ce vous qui vous estimez paresseuse ou ... sont-ce les autres qui vous le disent?
- Mon mari me le répète si souvent que je finis par le croire.

Ainsi se lève déjà un pan du voile!
Deux sortes d'oisiveté se lovent sous la même couette, dans l'alcôve "Paresse" du Petit Larousse et du Gros Robert (au choix!): celle qui ME pose problème et celle qui pose problème AUX AUTRES. Leurs effets ne sont pas interchangeables, même s'ils sont prévisibles. La première m'est inconfortable, pénible, dérangeante, douloureuse, parce qu'elle vient heurter de front mon Image Idéale de moi même. La seconde pose problème aux gens qui m'entourent parce qu'elle choque leur "censeur" interne, leur "moi" critique.Selon mes observations, la paresse du deuxième type est la plus fréquente. Dans le pied des activistes de tous bords, des drogués du travail, des mordus de l'effort, des zélotes de la fébrilité bourdonnante, le paresseux est une épine lancinante, in-sup-por-ta-ble.
Mais redevenons sérieux!
Pour le psychologue, ce "péché" capital renvoie à quatre situations possibles. Il lui désigne les quatre directions cardinales de la Rose des Vents:

A l'Est ... rien de nouveau! Le mot "paresse" est entendu selon son étymologie latine ("*pigritia*") et n'offre au regard que morne platitude. Pour les médecins, il désigne une lenteur anormale du fonctionnement d'un organe (dans nos sociétés qui marient si bien abondance et gavage consommatoire; la paresse met souvent la bague au foie!). Pour les psychologues d'avant-guerre, il signifie une répugnance au travail et à l'effort considérée comme trait de la personnalité ou du tempérament. D'un côté, les "paresseux", de l'autre, les "courageux". Entre les deux camps, une ligne de démarcation étanche! Maillots blancs et maillots noirs. Point, barre, tampon! L' estampille étiquette nos chères petites têtes blondes. Selon les archéo-pédagogues, il y aurait dans nos classes des enfants courageux et des enfants paresseux. Cette classification est avantageuse. Car, si, par chance, on en dénombre au moins onze dans chaque équipe, l'arbitre peut siffler le coup d'envoi. La balle est lancée. Ce ne sera pas une balle perdue.

Au Nord, c'est l'étendue glaciaire à perte de vue. "Paresse" signifie apathie, léthargie, manque de goût, perte d'élan, indifférence au monde, aux choses, aux autres et à soi-même. Parfois, elle s'installe en catimini, à pas de loup, sans qu'on s'en rende compte ("je ne me souviens plus très bien quand ça a commencé"). Parfois, elle survient comme un coup de tonnerre dans un ciel serein ("j'ai basculé brutalement lorsqu'elle m'a avoué avoir un amant; c'était au pied du vieux tilleul, le vendredi 13 février... la vieille de la Saint-Valentin"). Elle est le symptôme décisif d'un état pathologique qui signe la dépression ou la mélancolie.

Au Sud, la douceur climatique autorise tous les relâchements. La décontraction est de mise. "Un mexicain basané, le sombrero sur le nez...." (air connu!). "Paresse" signifie assentiment assumé à la "loi du moindre effort" et révèle une santé mentale effrontée. Pourquoi? Parce que cette loi d'économie des forces (pourquoi faire compliqué si l'on peut faire simple, pourquoi rester debout si l'on peut s'asseoir ou demeurer assis si l'on peut se coucher) traduit la profonde sagesse de la nature. Entre deux maux, les animaux choisissent instinctivement le moindre. Entre deux tracés possibles, les rivières choisissent toujours la pente de moindre résistance.

A l'Ouest, la Rose des Sens étire la patte comme un félin qui s'éveille. Elongation sémantique généreuse qui assure la jonction entre la naturalité la plus triviale et l'humanité la plus élevée. "Paresse" et "Sagesse" font contrepoint dans une polyphonie sublime. Consentement intime à ce qui est. Non pas soumission passive à l'Ordre des Choses, mais disponibilité respectueuse à l'Etre des Choses. Non pas résignation défaitiste devant leur logique implacable mais accueil de leur parole muette et de leur silence éloquent. But ultime (sans doute jamais atteint) d'un long travail de dépouillement et d'ascèse. "Fiat!', "Qu'il en soit ainsi", "Acceptes ce que tu ne peux changer!" Préceptes venus du fond des âges, avalisés par les plus grandes traditions philosophiques d'Occident et d'Orient. Contemplation! Moteur de l'action véritable. "Nous ne sommes pas destiné à contempler le monde, mais à le transformer", proclamait à l'envi le Père MARXS. Certes! Mais peut-on changer ce qu'on n'a pas pris la peine de regarder d'abord?
Et savons-nous encore regarder?

Passons à la visionneuse le spectacle du monde tel qu'il se déroule sous nos yeux.

Pour beaucoup de gens, l'essentiel dans la vie n'est pas d'agir mais de s'activer comme de petites abeilles laborieuses; le plus important n'est pas de réaliser ou encore de réussir, mais de faire des efforts et encore plus d'efforts ... jusqu'à épuisement satisfait. Ils diront alors: "voyez comme j'ai essayé"! Jubilation secrète, délectable!

Il leur importe plus d'être “méritant” que d'être "gagnant".

Il leur importe plus d'être courageux que d'être heureux.

Hélas, en amour comme au travail, les activistes ne sont pas les plus productifs. Sans doute, déplacent-ils beaucoup d'air. Mais soulève-t-on des montagnes en soufflant sur leurs flancs?

Notre passé culturel instille ce fruit du destin jusqu'au trognon. Depuis le vieux Prométhée de l'Antiquité grecque et ses épigones judéo-chrétiens, notre société cultive la peine comme une fleur rare et encense le labeur avec une exubérante ostentation. La souffrance n'est-elle pas rédemptrice? Le sacrifice n'est-il pas la voie obligée du Salut, l'aller-simple vers le

Paradis? Fadaises érodées par le temps, les vents, les pluies diluviennes? Peut-être! Mais elles nous donnent encore le vertige. D'autant que l'idéologie capitaliste les a habilement remaquillées pour son plus grand profit. Dans une société marchande qui nous masturbe à la voile de la consommation et à la vapeur de la production, le "labeur" (c'est-à-dire le travail aliéné, exempt de sens) nous aide à rester consciemment inconscient de notre solitude et de notre vide intérieur. Dans la mesure ou sa routine mécanique ne suffit pas à nous transformer en zombies, une autre routine (en réalité la même, mais retournée comme un gant) accourt à la rescousse, celle du divertissement programmé, offerts par les médias et la mafia proxénétique des fils-de-Pub.
Consommation passive de biens, de sons et d'images ... Le grand avaloir!

Quel est le problème?
Il est le suivant: les individus qui ont pris l'habitude d'attendre de l'extérieur leurs formes précuites de loisirs, sont prédisposés à attendre de l'extérieur aussi les pensées- *fast-food* qui prétendent apposer des réponses simples aux défis complexes et aux questions tangentielles. La société se transforme alors insensiblement en un grand stade de foot ou des professionnels du spectacle (spectacle politique, médiatique) s'ébrouent avec gouaille et panache sous le regard de millions de spectateurs anesthésiés qui se prennent pour des sportifs.
Paresse! Paresse de l'esprit! Esprit qui s'endort.
De la mythique sacrificielle de l'effort, exacte réplique inversée.

Comprenons-nous bien! Contrairement à ce que soutiennent certains discours à la mode, discours lénifiants, aguicheurs, démagogiques (l'anglais sans peine!, le "droit" à la réussite!!, jouez Rachmaninov en dix leçons!!!...), rien ne s'obtient valablement sans sueur. Toute réussite, dans quelque domaine que ce soit, exige travail, persévérance, ténacité et détermination.
Mais rien de valable ne s'érige non plus, par les seules vertus de l'effort et de la sueur. On ne fait pas progresser l'intelligence en la rudoyant, on ne fait pas avancer l'esprit en lui bottant le cul.
On le stimule plutôt en lui caressant les flancs ... dans le sens du poil.
L'écriture, selon Christian BOBIN, n'est pas tant un travail qu'une paresse faiblement orientée.
Et s'il en était de même de la vie?
Entre Paresse et Caresse, il n'y a finalement que la distance d'une lettre!
Entre Paresse et Sagesse, la distance n'est que de deux lettres.
A contre-courant des idées défendues par les parangons de l'effort (côté cour) et par les thuriféraires de la facilité (côté jardin), conjoindre l'utile et l'agréable, jouir de la conquête des cimes et, le cas échéant, accorder place

révérencieuse à la Paresse entendue comme “pente de moindre résistance légèrement orientée”, n'est-ce pas, finalement, une stratégie d'action plus puissante que l’auto-violence? N’est-ce pas, en même temps, le fer de la subversion porté au cœur même de notre quotidien? La botte secrète de la résistance non-armée, à la portée de tous?

LA COLERE

" Entré dans le Temple, il se mit à en chasser ceux qui vendaient et achetaient dans l'enceinte sacrée, et il culbuta les tables des changeurs et les sièges des marchands de colombes." (Marc 11.15)

ALORS ?
QU'AS-TU APPRIS,
À L'ÉCOLE,
AUJOURD'HUI ?

Voilà des mois que ça dure. Tous les vendredis, il vient voir sa copine (c'est son droit!), qui se trouve être aussi ma voisine (c'est moins drôle!). Tous les samedis matin, même cinéma: impossible de sortir MA voiture de MON garage. A trois reprises, je lui ai demandé gen-ti-ment de ne plus garer sa Golf à cet endroit. Il a souri (Pardon Muriel! Je ferai attention). Tu parles! Aussitôt dit, aussitôt oublié! Cette fois, ça dépasse les bornes. Il va m'entendre.
Ca y est! Il m'a entendu. Plus de sourire, plus de gants. Moi, la gentille Muriel, j'ai menacé tout bonnement d'appeler la police et de faire enlever son véhicule par les agents assermentés.

Muriel m'a raconté son histoire. Moi, (je m'appelle Sylvie, enchantée de vous connaître!), c'est pareil. Quand un quidam a le toupet de me dépasser sur l'autoroute, quand un homme me décroche un sourire tangentiel, quand ma fille n'est plus la première de sa classe, je pique ma crise, je crache mon fiel, j'en avalerais mon volant à défaut de la barbe que je n'ai pas. La journée est fichue. Les collègues n'ont pas intérêt à me dévisager comme si j'avais du noir sur le nez et ils le savent. Comme dirait l'autre: je ne suis pas à prendre avec du "pain sec" (sic!). Barrez-vous de ma houle, ou j'écrabouille! Eloignez-vous de mon sillage ou je saccage!"

Eh bien, non Sylvie! Désolé de te contredire, mais ... c'est pas pareil!
Entre vos deux colères, celle de Muriel et la tienne, bée un fossé, une fissure, un hiatus, la "grande crevasse" de Frison-Roche.
C'est vrai pourtant qu'à première vue, elles se ressemblent.
Mais, à première vue seulement.
A vue panoramique.

La colère de Muriel est une réaction normale, saine, adaptée (en direction et en intensité) à l'événement qui la cause. Le copain de sa voisine fait obstacle à sa liberté de circuler. Il obstrue délibérément le passage en dépit de l'interdiction de stationner. Il prend possession d'un espace qui ne lui appartient pas. Informé du préjudice qu'il cause, courtoisement invité à modifier sa conduite, il réagit avec une désinvolture outrageante. Des avertissements polis et répétés, il n'a cure. Pas d'autres mots pour le dire: il joue avec les pieds des gens. La colère de Muriel est naturelle, légitime et compréhensible.
Mais toi, Sylvie, si un rambo-mobiliste flaire ton pare-choc arrière avec un peu trop d'insistance puis te gratifie d'une queue-de-poisson cinglante, assortie d'un coup de klaxon, pourquoi diantre n'as-tu pas peur? Si un bel inconnu te sourit dans la file de l'Intermarché parce qu'il apprécie ton profil d'Ophélie, pourquoi n'en es-tu pas ravie, flattée ou, à la rigueur, paniquée? Ta fille n'est plus première-de-classe? Je comprendrais que cela

t'attriste, te déçoive, te désespère. Mais pourquoi une telle houle dévastatrice?
En toute lucidité, ne vois-tu pas que ces deux colères n'ont en commun... que le nom?
Pas convaincue?
Alors, plaçons-les côte à côte sous la lamelle du micro-psycho-scope aux fins d'une dissection comparative.

Les psychologues répertorient trois colères, une bonne (la "colère-naturelle", celle de Muriel) et deux mauvaises: la "colère-parasite" (celle de Sylvie) et la colère cadenassée. Ajustons donc nos lentilles et réglons la focale. Renvoyons Muriel et Sylvie à leurs occupations et inversons le regard pour regarder en nous-mêmes. Chacun et chacune y reconnaîtra les siens et les brebis seront bien gardées.

Une colère-parasite agite notre hypochondre, noue notre estomac, dope notre vésicule biliaire. Par quels signes se manifeste-t-elle? Comment la reconnaître? Trois caractéristiques la désignent: la disproportion, l'inadéquation et la répétition.
En clair, notre réponse émotive est
* Excessive comme un oasis luxuriant en plein milieu du Néguev. Il y a disproportion évidente entre la cause (l'événement) et l'effet psychologique produit (l'émotion ressentie)
* Inappropriée comme un fou rire dans une cérémonie funèbre. Dans ce type de situation, on comprendrait mieux le chagrin, la peur, le plaisir ou la déception.
* Répétitive comme une rengaine sur un disque rayé. Elle est notre spécialité réactionnelle, le registre émotif dont nous jouons le mieux. C'est comme si nous y avions souscrit un abonnement permanent.

Mais pourquoi souscrire un abonnement à la colère-parasite? Qu'est-ce qui motive ce débordement ravageur qui, parfois, joue les prolongations, se mue en râlerie sourde ou en détonante fourberie? Qu'est-ce qui en explique l'apparition et surtout la répétition *ad infinitum?*
Le fait qu'un événement anodin vient soudainement titiller une fêlure, une faille de notre cuirasse. Le fait qu'une peccadille vienne raviver une blessure ancienne, enfouie dans le "fonds de commerce" de notre enfance. L'automobiliste qui nous dépasse, notre fille qui nous déçoit, l'inconnu qui ... tous ont réveillé une expérience passée, une expérience oubliée, un "vécu" ancien, où nous nous sommes sentis niés, blessés, méconnus, non respectés. Ces particuliers ne sont pas les véritables destinataires de notre rage. Ils n'en sont que les écrans de projection momentanés, les cibles mobiles sur lesquelles nous mitraillons à vue parce qu'elles passent à

portée de tir.

Définition.
La colère-parasite est une réaction apprise dès l'enfance comme substitut à l'émotion naturelle et comme réponse à une injonction répétée des parents.

Explicitation.
Les émotions humaines sont d'une infinie variété. On en dénombre plus de cent. Mais la plupart d'entre elles peuvent être cataloguées sous quatre têtes de rubriques, rangées dans quatre registres de base: la peur, la colère, la tristesse et la joie. Chacun de ces registres émotionnels peut devenir "parasitaire" s'il s'approprie la place d'un autre, squatte tout l'espace affectif, vampirise le champ émotionnel et impose son emprise tyrannique sur l'existence entière.

Exemples.
Dans certaines familles, la peur est réprouvée, mal vue, malvenue. Explicitement ou implicitement, elle est frappée d'interdit. On y entend prononcer des phrases du genre: "chez nous, les Durant, rez-de-chaussée, première porte à droite, on ne craint personne!", ou "attention, le chien mord... le maître aussi!" ou encore "s'il vient, il trouvera à qui parler". L'enfant n'a pas besoin qu'on lui dessine un mouton. Encore moins, un agneau. Il comprend qu'il doit se faire loup, qu'il doit gommer sa peur pour être synchrome avec la couleur de sa famille, sa culture psychologique. Et c'est ce qu'il fait. Opération Tip-ex! On efface tout et on ensemence. Comme la nature a horreur du vide, il faut trouver un substitut à l'émotion "tipexée". L'enfant va remplacer toute velléité d'effroi par le sentiment autorisé ou valorisé par la "culture familiale" des Durant: la rage, la colère, l'agressivité, le ressentiment.

Chez les Dupont (3me étage, deuxième porte à gauche), c'est la tristesse qui n'a pas la cote. Si l'on colle une oreille indiscrète au chambranle, on y entend des phrases telles que: "chez nous, les Dupont, on n'a pas la larme facile" ou "en cas de coup dur, on serre les dents", ou encore "chez nous, la mélancolie est aux abonnés absents". Dans une telle famille, l'enfant apprend à gommer son désespoir et à le remplacer par la peur, la colère ou par une exubérance factice. Dans ce dernier cas d'espèce, la vie est un long fleuve tranquille ... en surface!

Devenus adultes, le petit Durant comme la petite Dupont demeureront programmés par cette émotion de substitution qui parasitera leur personnalité et leurs relations aux autres. Confrontés à des situations dangereuses induisant normalement une peur salvatrice, le premier réagira

par un comportement violent qui risque de se retourner contre lui et de le mettre en danger (la violence engendrant la violence). Aux cruautés inévitables de la vie et aux coups du sort, à la perte, la rupture et le deuil, la seconde répondra non par un chagrin du meilleur cru, mais par une angoisse sourde, une phobie taraudante ou une exaltation hystérique.
Dans les deux cas de figure, on ne s'est pas trompé d'histoire d'amour.
On s'est trompé ... d'émotion.

Un mot sur la colère-cadenassée.
Dans nos sociétés policées et pacifiques, la colère est frappée d'un tabou culturel. Il n'est pas de bon ton de se fâcher ... surtout si l'on est une petite fille ou une femme. Alors qu'en faisons-nous? Nous la réfrénons, nous la gardons en nous, nous l'enfouissons au plus profond de nous-mêmes comme un déchet radioactif. Pourquoi? Pour un tas de bons motifs. Par peur du conflit, par peur de perdre la sympathie ou l'amour de l'autre, par peur d'être mal jugé ou de faire des dégâts autour de nous. Hélas, le résultat obtenu à terme est celui que nous voulions précisément éviter. Le conflit résiste et s'enlise. Il fermente comme une marinade acide. Un jour, il éclate et ses toxines se dispersent à tous vents. On pète les plombs. On disjoncte. La rage trop longtemps contenue finit par déborder de ses digues contenantes et occasionne des dommages irréparables. Que de relations (amoureuses, amicales, professionnelles...) ne sont-elles pas emportées comme des fétus de paille par le souffle d'un cadenas qui saute, par la pression d'un barrage qui explose!

Concluons! Si ces deux colères-là (la colère-parasite et la colère-cadenassée) sont des "péchés capitaux" (en jargon psy: des "névroses"), la colère-naturelle est ... une vertu cardinale. Elle nous protège des agressions (intentionnelles ou non) des autres. Elle leur intime le respect. Elle leur indique que nous ne sommes pas disposés à nous laisser marcher sur les pieds, que nous ne sommes pas prêts à endosser le rôle du dindon docile ou celui de la poire trop tendre. Elle nous permet aussi, le cas échéant, de nous révolter contre l'exploitation, l'exclusion, l'intolérance, l'injustice sociale ou l'hypocrisie ambiante. Si l'on en croit ses petits copains, le fils du charpentier de Nazareth ne fut pas tendre avec les pharisiens et les marchands du temple!

Malheur à celui qui s'interdit l'expression de cette "Sainte Colère". Tôt ou tard, elle va se retourner contre lui, le miner de l'intérieur. Elle va lui perforer l'estomac d'un ulcère térébrant, lui enserrer le haut du crane d'un étau migraineux ou doper son cœur au rythme affolant de l'extrasystole.

IL N'A PAS VOULU ME DIRE COMBIEN IL Y A D'ÉTOILES SUR LE DRAPEAU EUROPÉEN !...

LA LUXURE.

" Le progrès consisterait-il uniquement à changer de caverne?" (J.LACARRIERE)

Contrairement aux vocables "paresse" et "colère", toujours en odeur de sainteté dans la langue usuelle, le mot "luxure" est rangé depuis belle lurette au rayon des rebuts. Il n'est plus guère employé de nos jours, même par les clercs et les moralistes qui lui trouvent, non sans raison, un relent désuet.

Si le terme est désuet, il n'est pas sans intérêt. Il témoigne de ce que les conceptions morales d'une époque sont liées aux conditions de vie concrètes des gens et, qu'à l'exception de quelques interdits universels fondamentaux (inceste, anthropophagie, meurtre), la distinction entre le "bien" et le "mal" est finalement une production sociale, une production sociale contingente, une émanation de l'Esprit du Temps.

Luxure!
Le mot est édifiant. Il sonne comme une cloche altière dans un ciel de Pâques. Superbe assonance phonétique que ces deux voyelles fermées “u” reliées par la consonne “x”!
Il sourd de la même étymologie souterraine que "luxe", "luxueux", "luxuriant".
Il évoque le trop, le trop-plein, l'abondance, la profusion. Non pas à proprement parler, et comme on pourrait le croire, le plaisir charnel, mais plutôt sa débauche. Le "péché de luxure", c'est la condamnation non pas tant de la jouissance des corps que de son excès ostentatoire.

Alors, question pour le psychologue et le sociologue moderne: pourquoi cette obsession de l'excès sexuel? Pourquoi cette suspicion farouche et ces imprécations à l'endroit du sexe débridé?

Il faut s'en souvenir: la morale judéo-chrétienne (épigone de la morale gréco-romaine) n'est pas un produit de la génération spontanée, un météorite en chute libre, un décret de l'Olympe. Nous l'avons dit, les morales sont des décoctions humaines, des surgeons de l'histoire. Celle-ci s'est forgée dans le creuset d'une société antique, constituée pour l'essentiel de marchands, de prêtres et de soldats. On peut définir cette société par quelques paramètres majeurs:

- la rareté des biens (la rareté crée la valeur)
- la rudesse des mœurs (dans la lutte pour la survie, la faiblesse est un danger mortel).
- la vision de la sexualité, non comme expérience de plaisir, mais comme instrument de procréation non assistée.

Dans le coït, le mâle transmet l'essence germinative, chichement engrangée

dans ses "bourses" (mot désignant à l'origine l'escarcelle, le sac-à-sous, le porte-monnaie que les messieurs du Moyen-Age portaient cousus sous la braguette!). Or, il faut s'en souvenir, chez les anciens (grecs, romains, juifs, chrétiens) le machisme est roi et le code de virilité sans équivoque. A leurs yeux, l'intempérance ou l'abandon aux plaisirs de la chair, connote une mollesse toute féminine. Si l'on en croit Aristote, Sénèque, Xénophon, Socrate, les héros mythiques sont abstinents. Ils s'éjouissent plus volontiers aux jeux athlétiques des stades qu'à celui des saccades érotiques. Cette hantise de l'affaiblissement de l'homme par la perte dispendieuse de sa semence n'est d'ailleurs pas le fait des seuls philosophes et censeurs. Elle est partagée par les savants et les médecins (on relira utilement sur le sujet Hippocrate et Galien). Ce qui est donc éminemment condamnable pour nos ancêtres, c'est la déperdition par émission inconsidérée, la dilapidation insouciante d'un "patrimoine" parcimonieusement engrangé, dilapidation d'autant plus coupable que vertu et courage sont stockés dans la liquidité séminale et que son gaspillage entraîne inéluctablement: affaiblissement de la volonté, mollesse de caractère, perte des qualités guerrières.
Haro, donc, sur le "gaspi"!
Thésaurisons, les mecs!

Cela prête à sourire?
Peut-être!
Mais, dans le procès des Anciens, il faut citer à la barre comme témoin à décharge... leur impéritie en matière de physiologie et de psychologie.

Ils ignoraient quatre choses essentielles:

1 - les organes génitaux ne s'usent pas quand on s'en sert
2 - le sperme est renouvelable *ad infinitum* (la nature est infiniment généreuse)
3 - la satisfaction sexuelle, loin d'être amollissante, est tonique, énergisante.
4 - l'appétit sexuel, tout comme la faim, possède ses régulateurs internes (la satisfaction du besoin entraîne son extinction momentanée) mais, à la différence de la faim, l'indigestion sexuelle n'existe pas, la boulimie non plus.

Demeurons modestes et gardons-nous des moqueries gauloises!
Il n'y a pas si longtemps, dans nos salles de classes, nos cabinets de consultation, nos confessionnaux, éducateurs, médecins, psychologues et clercs, dispensaient en toute bonne foi un discours selon lequel la masturbation rendait malade (aveugle ou sourd!) et l'excès de libido transformait les femmes en égéries hystériques ("hystérie" provient d'un mot grec signifiant: utérus!).

Les temps ont changé. La page est tournée. L'eau a coulé sous les ponts de la Seine, de la Meuse et du Rhin. Elle en a érodé les piliers et les arches.

Aujourd'hui, dans l'Occident post-moderne, ce n'est plus tant la souffrance du "trop peu" qui conduit les gens chez le psychothérapeute ou le conseiller conjugal. Ce serait plutôt celle du "trop" et celle du "mal" (baiser). Si quelque chose, dans l'exercice de la sexualité, est de nature à "rendre fou" (en jargon moderne "névrosé" ou "dépressif"), c'est (version début de XXème siècle) la culpabilisation du désir et la répression consécutive de sa saine actualisation. Mais c'est aussi (version fin de siècle) la "tyrannie du désir" c'est-à-dire l'injonction comminatoire à son actualisation performante.

Pas convaincus?
Alors "zieutons" les couvertures des magazines qui garnissent les devantures de nos kiosques à journaux. Notre œil fera le tri. Parmi les gros titres: "Le septième ciel, à coup sûr", "Conseils pour un orgasme fastueux", "Etes-vous performant(e) au lit?", "Comment devenir un amant incomparable?", "En panne de libido: que faire?", "Quelle séductrice êtes-vous?", " Amour, désir, PLAISIR, on peut tout dire" ....
Où est le problème?
Le problème n'est pas qu'on peut tout dire.
Le problème est qu'on DOIT tout dire... et tout faire.
Frères et sœurs, qu'il vente, qu'il neige, qu'il pleuve, tous aux abris.
Mettez-vous au sexe!

Et c'est là que le bât blesse, que la zébrure d'une ironie tragique balafre l'Histoire!
Nous nous libérons des tyrannies anciennes, pour nous jeter tête première dans de nouveaux enfermements. Nous pensons échapper à la dictature de la Norme alors que nous ne faisons qu'ériger une contre-norme sur le socle de la norme déchue. L'envers de l'erreur, n'est pas la vérité mais la contre-erreur. Aujourd'hui, la pathologie sexuelle est mimétique et économique. L'homme et la femme post-modernes sont mis en demeure d'être performants au lit comme ils doivent l'être à l'usine ou au bureau. Leurs prestations sont jaugées par les enquêtes et sondages, dopées par les incantations médiatiques (le "droit" à l'orgasme et son glissement naturel: le "devoir" d'orgasme!!!). S'il échet, elles seront soumises aux bons-soins de dépanneurs professionnels du sexe défaillant: sexologues et sexothérapeutes. Cette mise en demeure engendre, non plus la culpabilité, mais l'affolement de l'attente et son corollaire: l'angoisse. Celle de ne pas (de ne plus) être à la hauteur!

Cette prodigieuse inclinaison de la postmodernité à prendre pour une "libération", ce qui n'est qu'une aliénation new-look, devrait assurément nous inciter à plus de modestie et mettre sourdine à notre incurable .... Orgueil.

L'ORGUEIL

" L'amour-propre est le plus grand de tous les flatteurs" (La Rochefoucauld, Mx 2)

Si nous n'avions point d'orgueil, nous ne nous plaindrions pas de celui des autres." (La Rochefoucauld, Mx 34)

QUAND J'AI TENDANCE À ETRE COMPLEXÉ...
...JE PENSE À LA GRANDEUR DE MON OMBRE !..

L'orgueil!
Pour le géographe du cœur, vastitude volcanique enserrée entre les Monts Ambition et l'embouchure du Prétentieux. La République Démo-narcicratique d'Orgueil est divisée en deux provinces. Mais, attention! Contrairement à ce que laisserait supposer une géographie naïve, la ligne de démarcation inter-ethnique n'est pas là où on la penserait de prime abord. Elle ne sépare pas les orgueilleux (autochtones) et ceux qui ne le sont pas (allochtones). Elle se trace plus subtilement entre les orgueilleux qui se savent ... et ceux qui ne se savent pas.

Miroir, oh mon miroir! Dis-moi qui est la plus belle....
Tous et toutes aimons notre image. Que de temps passons-nous à la peaufiner, à la ciseler comme une pierre précieuse, à la rendre acceptable et désirable. Quand nous allons vers l'autre, nous n'y allons pas droit devant, les yeux fixés sur lui. Nous y allons par quatre chemins, en nous regardant (voilà qui je suis) et en le regardant nous regarder (voilà ce qu'il pense que je suis). Bref, nous avançons vers nos semblables-différents à visage masqué, amidonné dans notre image, c'est-à-dire l'idée que nous nous faisons de ce que sommes et de ce les autres pensent de nous. Comme notre ombre, elle nous colle à la peau. Mais, contrairement à notre ombre, elle nous précède toujours, quelle que soit la position du soleil, au levant, au couchant ou au zénith.
Cette éclaireuse obstinée mérite qu'on s'y intéresse. D'autant qu'elle est simultanément utile et dangereuse. Tout dépend de son usage. Bien dosée, elle peut servir nos desseins sans nous asservir. Elle peut aussi précipiter notre chute.

Si je suis scotché(e) comme une siamoise à une image idéale de moi-même, tout écart à cette image me blesse, m'humilie, me meurtrit. Déchirure de mon tissu interne, écartèlement douloureux de mon ossature psychique. Je souffre de ne pas me sentir à la hauteur de ce que mes proches (mon conjoint, mes enfants, mes amis) attendent de moi? C'est parce que je crains de les décevoir, de dévoiler ainsi une image non conforme à celle que je veux donner, celle d'un individu altruiste, généreux, aimant, toujours présent à l'appel. Je suis taraudé par la peur de ne pas réussir mes entreprises séductrices, de trembler comme une feuille de peuplier blanc lorsque je dois présenter un examen, participer à un concours, postuler pour un emploi ou parler en public? C'est parce que la perspective de ces prestations rend plus cruel encore l'écart qui me sépare de l'image rassurante d'un individu performant, assuré, "gonflé". C'est parce qu'elle surligne au gros (marqueur) rouge, le décalage entre mon "moi réel" et mon "moi idéal"?
Personne n'aime faire piètre figure. La recette est connue depuis la nuit des temps: si tu veux te faire un ennemi, arrange-toi pour qu'il perde la face, qu'il soit contraint de courber l'échine. De là, sans doute, notre hantise de la gaffe, du faux-pas, de l'impair, de la bourde, notre rage impuissante a postériori lorsque nous n'avons pas pu répondre du tac-au-tac ou remettre illico à sa place celui qui a eu le culot de nous tenir tête. De là aussi tous ces micro-rituels d'interaction sociale qui codifient les échanges quotidiens et leur permettent (notamment par l'humour) d'échapper au bourbier des situations embarrassantes.

Or, cet orgueil-là n'est pas seulement le fait de personnes suffisantes, prétentieuses, imbues de leur Ego (les "gros-plein-d'Moi"). Il est présent, à des degrés divers, en chacun d'entre nous.

Est-il possible d'y échapper?
Et, si oui, comment?
En jetant au rebut toute image préfabriquée de nous-mêmes? En vidangeant le baquet de notre "faux-self"? En dégonflant avec panache la baudruche infatuée de notre Ego? Idéalement oui! C'est d'ailleurs ce que prônent les traditions mystiques et monastiques. Mais cela suppose une ascèse intérieure, difficilement accessible au commun des mortels, vous et moi.
En outre, cela nous mettrait-il à l'abri de l'orgueil ... d'avoir déjoué le péché d'orgueil?

Je dirais donc, plus modestement (!), en cessant d'être dupe de notre image, en refusant d'en devenir prisonnier, en apprenant à cohabiter pacifiquement avec cette distance infinie qui bée entre notre réalité et cet idéal trompeur qui n'est jamais que la parure triomphale de l'illusion. Cela signifie concrètement, devenir apte à nous aimer maladroit, peureux, défaillant, fragile, parfois égoïste et reconnaître que les choses n'ont souvent que l'importance que notre orgueil leur accorde.

Cela signifie-t-il afficher l'autosuffisance?
Non!
L'autosuffisance, c'est l'orgueil au carré. Une jactance imbécile.
Une chose est d'être prisonnier du regard de l'autre au point de ne plus pouvoir s'en détacher. Autre chose est d'être sensible au regard de l'autre et avoir l'humilité de l'avouer. Si la première position signe l'hypnose ou la névrose (finalement qu'est-ce qu'un névrosé, sinon quelqu'un qui est capturé, hypnotisé, par le regard et le désir de l'Autre), la seconde est l'estampille de notre humaine condition. Un quidam qui me déclarerait tout de go "moi, monsieur, l'opinion des autres, j'en ai rien à cirer", me deviendrait éminemment suspect.

Cela signifie-t-il ne pas se prendre au sérieux, comme l'affirment les bonnes âmes?
Non, plus!
Car se prendre au sérieux, c'est s'estimer digne d'intérêt. C'est se donner la permission de vivre ce que nous faisons comme important (comment attendre des autres qu'ils nous prennent au sérieux, si nous-mêmes ne nous accordons pas cette coquetterie?). C'est aussi se mettre en position de prendre l'autre (les autres) au sérieux, condition incontournable pour s'allier, créer des liens affectifs profonds ou entreprendre des collaborations professionnelles fécondes.

Reconnaître que notre orgueil est une prison dont nous maçonnons les murs jours après jours sans nous en rendre compte, c'est plutôt comprendre la "morale" de la vieille fable apprise sur les bancs de l'école. Si la grenouille de Jean de LA FONTAINE se gonfle comme une outre ventrue ... jusqu'à en crever, c'est à se vouloir plus grosse que le bœuf, alors que celui-ci ne pose sur sa carrure imposante qu'un regard languissant, placide et superbement indifférent.

Plus facile à dire qu'à faire?
Sans doute!
Mais est-ce une raison pour y renoncer?
Si l'on en croit les Saints-Ecrits, Dieu ne fit pas le monde en un jour.

Bref, sous les aveux de timidité, sous la hantise obstinée du mal-faire ou du mal-dire, sous la culpabilité qui sourd de l'impression d'être toujours responsable de ce qui nous arrive ainsi qu'à nos proches, je pressens le roc dur de l'orgueil, le mythe secret de la Toute-Puissance. Et quand un patient me confie ingénument que, lorsqu'il assiste à une conférence, il craint de poser sa question au conférencier; lorsqu'un autre me dit qu'il frémit d'horreur à la seule pensée de faire de l'"impro" théâtrale, de donner son avis en réunion d'équipe ou de "draguer en boîte", il est fort surpris de m'entendre lui répondre qu'il est imbu de son image, qu'il se prend pour Dieu le Père et que c'est cet orgueil-là qui le rend paralytique.

L'ENVIE

" Nos tyrans sont nos vices.
Le plus cruel de tous dans ses ombres caprices,
Le plus lâche à la fois et le plus acharné,
qui plonge au fond du cœur un trait empoisonné,
bourreau de l'esprit, quel est-il? C'est l'envie."
(VOLTAIRE, Discours sur l'envie)

" La jalousie est le plus grand de tous les maux,
et celui qui fait le moins de pitié aux personnes
qui le causent." (La Rochefoucauld)

« Il ne suffit pas d'être heureux, encore faut-il que les
autres ne le soient pas » (J.Renard)

JUSQU'ICI, JE L'AI TOUJOURS ENVIÉ !...
Sempé.

La chose est sue et non tue: l'herbe est toujours plus verte dans le pré du voisin.
Beaucoup en ont fait l'expérience. Le coup de foudre estourbit les amants et la lune de miel les aveugle (raison pour laquelle ils se croient seuls au monde). Mais si les femmes et les hommes sont faits pour vivre heureux, sont-ils faits pour vivre ensemble? Sont-ils faits pour vivre longtemps ensemble? Car, une fois la lune passée et le miel fondu, que de charme discret ne trouve-t-on pas à la bourgeoisie avenante de notre courtier ou au plaisant époux de notre coiffeuse.
Envie!

Pour la plupart des Pères de l'Eglise, la plus dangereuse des passions humaines, le "summum" sur l'échelle du vice, le "*primus inter pares*" des péchés capitaux. Elle est aussi leur point de ralliement, leur température de condensation. Y convergent, comme par appel d'air, les relents de l'avarice, les stridences de la colère, les boursouflures de l'orgueil, les rots de la gourmandise et les pesanteurs molles de la paresse. Est-ce pour cette raison que l'envie est le portique du meurtre? Si l'on en croit le Saint-Ecrit, c'est elle qui conduisit Lucifer à entreprendre croisade vengeresse contre son créateur et Caën à occire si peu fraternellement son frère.

L'origine étymologique du mot "envie" est latine. "*Invidia*" provient du verbe "*invideo*" qui signifie "regarder quelqu'un de travers", avec malveillance ou rancune (dans les temps anciens on disait: "avoir le mauvais-œil"!). L'envie se joue donc à dix doigts sur le clavier noir et blanc du regard. Ma vue s'emplit jusqu'à ras-bord et déborde d'un désir inassouvi, le désir lancinant de posséder un objet (maison, argent, pouvoir, femme, homme, enfant...) ou une qualité (beauté, séduction, intelligence, charisme, don du chant ou de l'informatique ...) que l'autre a et que je n'ai pas. Mais, par-delà l'objet, c'est surtout une place que je reluque, celle qu'il m'usurpe désobligeamment. L'envie est toujours comparative. Elle naît de l'écart et de la différence. Que cette différence s'inscrive dans la réalité objective (Roméo possède une Jaguar rutilante, moi une mini-golf déjantée) ou relève d'une impression subjective (Juliette est tellement plus belle que moi) importe peu. Dans les deux cas, elle est ressentie comme une usurpation douloureuse.

L'envie, c'est le désir qui manque sa cible, dès lors que le sujet se jauge à l'aune de son semblable. C'est cette vapeur sulfureuse qui, par les fissures exaspérantes du jugement comparatif, s'expurge du cratère du Manque.

Mais, comme chacun sait (sans être volcanologue ou surfeur sur lave tiède), cette vapeur de souffre ressemble à la poudre de Merlin-Pinpin. Elle est enivrante dans les deux sens du terme: dangereusement paralysante comme un venin de cobra ou délicieusement euphorisante comme un philtre d'enchanteur. Dans le premier cas de figure, elle est toxique, pathologique, mortifère. Elle encrasse nos embiellages relationnels, affole nos pistons, patine nos culasses. Dans le second cas, elle est saine et motivante. Telle une pompe à injection, elle met du "turbo" dans nos réacteurs.

L'envie négative naît du (trop) grand-écart entre ce que je suis et ce que je veux être (le Moi et son image), entre la place que j'occupe dans le réel et celle que mon imaginaire revendique. Lorsque je vois que ma voisine, mon collègue, ma sœur, jouissent effrontément de ce qui m'est refusé, je sens monter en moi un sentiment d'injustice et de dépossession. Pourquoi lui? Pourquoi elle? Et pourquoi pas moi? Je rumine un fiel acide. Je mâchouille des imprécations de commandeur offensé. La rage me triture l'épigastre. Je me surprends à en vouloir au monde entier. L'Autre devient la personnification obsédante de mon manque, de ma carence. Je sombre alors dans l'envie haineuse. J'en arrive à désirer sa mort réelle ou symbolique.

Selon le psychanalyste anglais D.WINNICOTT, l'envie germe à l'intersection des deux sentiments originels du nourrisson vis-à-vis de sa mère: l'amour et l'agressivité. L'amour du bon-sein gratifiant qui se donne. La haine à l'encontre du mauvais-sein persécuteur qui se refuse. Elle s'adressera ensuite à tout autre qui me prive de ma jouissance (ma possibilité de jouir), non pas tant par ce qu'il a que par ce qu'il est. En conséquence: dis-moi qui tu hais, je te dirai qui tu es. Selon Marc ANGENOT (*), le ressentiment dérive de l'envie. Il est une envie impuissante transmuée en mérite, en vertu auto-proclamée. Le monde extérieur n'est qu'imposture, ingratitude ou menace. L'Autre n'est que jalousie, terrorisme, suppôt du Malin, Incarnation du Mal. Quel pain béni que cette maculée perception. Grâce à elle, l'idéologue du ressentiment va remâcher ses griefs avec une secrète délectation et griffonner son programme d'avenir à la hâte: liquidation infinie d'un contentieux accumulé dans le passé, compulsion à apurer une dette insolvable. Il ne faut pas porter le regard bien loin, pour observer le désastre. L'impasse pathétique au Proche-Orient, n'est-elle pas entretenue par des idéologues du ressentiment qui y puisent à la fois leur raison d'être personnelle et le mandat historique qui les autorisent à exporter leurs mortelles obsessions? Ce programme liquidateur irrigue leur cœur sec et légitimise ce qui leur tient lieu de politique. Et cela, quel que soit le prix à payer. Fusse l'autodestruction suicidaire de leur propre peuple.

L'envie positive est d'un tout autre ordre. Elle adhère à l'humaine condition comme l' ombre à nos basques sous le soleil caniculaire. Elle n'apporte pas nécessairement le (ré)confort et l'individu de l'espèce Homo Sapiens est bien seul, au faîte du règne animal, face à l'insatisfaction de ce qui est et de ce qu'il est. “La réalité humaine existe d'abord comme un manque” dit SARTRE. Le manque est la marque indélébile de l'humain, son signe distinctif.

Mais de ce manque, de cette insatisfaction foncière, procède ce qui fait notre humanité, c'est-à-dire le Désir, l'Imaginaire. A leur point de jonction naît l'énergie qui nous meut et nous fait agir. En physique, l'Energie se définit comme la capacité d'une “Force” à effectuer un “Travail”. En psychologie, c'est pareil. L'énergie surgénérée par l'insatisfaction (énergie potentielle) se transforme en force désirante (énergie cinétique). Elle nous rend capables de nous mobiliser (de nous rendre mobiles, de nous mettre en mouvement) et d'entreprendre un “travail”, c'est-à-dire une action transformatrice sur nous-mêmes (par la réflexion, la création, le travail intérieur) ou sur le monde (par le militantisme politique ou l'action sociale). "Envie" peut dès lors se lire: en vie. Comme l'exprime poétiquement Sylvie GERMAIN "le désir surgit, tel un minerai, une source, un feu, un vent, hors du silence confus, lancinant, du manque, arrachant ainsi l'individu à son enfermement, à son engourdissement, pour le jeter dans la tension de l'attente, de la quête, pour le mettre en mouvement, en route vers un ailleurs" (*).

Et de fait!
Imaginons ce qui se passerait si nous étions pleinement satisfaits de nous.
Nous nous figerions en un mortel garde-à-vous.
Imaginons que, demain, la société soit parfaite, transparente, lisse et "clean".
Elle cesserait d'évoluer et cette cessation de mouvement sonnerait le glas de l'Histoire.
En outre, si, pour notre malheur, nous disposions de tout, si tous nos vœux se voyaient instantanément exaucés, nous n'éprouverions nul gratitude à l'égard de celui qui nous tend la main, nous n'attribuerions nulle valeur aux cadeaux que la vie nous octroie, à commencer par elle-même (la vie n'est-elle pas un cadeau?). Frileusement calfeutré dans une morne satisfaction, tout ne serait que bagatelles et peccadilles. Nous nous plaindrions d'aise et nous nous sentirions grugés. Nous aurions tout pour être heureux, mais nous ne le serions pas.

Cette envie-là est notre ressort intime. Elle nous incite à progresser, à prendre de l'élan, à aller de l'avant, à réussir, à faire mieux. Elle nous permet de combler le fossé qui bée entre la réalité sonnante et le désir trébuchant, même si, limités par essence, nous n'y arrivons jamais qu'imparfaitement.

En définitive, sans manque, donc sans envie et sans désir, la vie ne serait-elle pas .... mortellement ennuyeuse?

(*) On lira avec intérêt les contributions de Marc ANGENOT, "*Du ressentiment*", et de Sylvie GERMAIN "*Le miracle et le mirage*", in "L'Envie et le désir", Revue AUTREMENT, Paris 1998.

LA GOURMANDISE

" Nature a maternellement observé cela, que les actions qu'elle nous a enjointes pour notre besoin fussent aussi voluptueuses, et nous y convie non seulement par la raison mais aussi par l'appétit: c'est injustice de corrompre ses règles." (MONTAIGNE)

"Elle est belle, la bouche. Elle est difficile. Tout commence par elle, du premier cri à la première tétée, du premier baiser d'amour au dernier baiser d'adieu." (C.OLIEVENSTEIN)

VOUS AVEZ TOUJOURS VOS MENUS "LIGHT" ?
OUI, MONSIEUR...
METTEZ-M'EN 5, ALORS..
sauls

Si l'on utilise le mot "gourmand" comme image, comme métaphore, au sens de "avide de", "ayant grande soif de", il prend une coloration estivale, solaire, devient synonyme d'élan, d'appétit, de passion dévorante ou de fureur de vivre. "Mordre la vie à belles dents", "rugir de plaisir", "vivre à cent kilomètres/heures"... Un certain rapport à l'existence, une forme d'étreinte passionnelle, éminemment désirable et désirante. Sensu lato (au sens large) et sensu imago (au sens imagé), "gourmand" est un terme générique, un vocable élastique, un mot à géométrie variable. On peut être gourmand de tout et de n'importe quoi, de sensation et d'excitation, de solitude et de relation, d'images et de sons, de hard-rock ou d'opéra baroque, de calissons d'Aix ou de "bêtises" de Cambrai. Si je passe une bonne partie de mes nuits en tête à tête intime avec mon ordinateur, scotché à ma "souris" comme à un papier-tue-mouche, on peut soutenir que je suis un "gourmand du clic".

Au sens propre et usuel, le mot bascule, comme un sablier, dans l'heure d'hiver. Changement de régime (c'est le cas de le dire!)!
La gourmandise désigne cette fois un certain rapport à la nourriture, rapport qui régule la fréquence et la quantité d'ingestion des aliments. C'est "la grande bouffe" et "les dents de la mer" projeté simultanément sur le même écran. Un entonnoir qui bée comme un gueulard de haut-fourneaux, un transit de matières métabolisables en coulée continue. Qu'est-ce qu'un gourmand (sensu stricto et non-imago)? C'est un individu qui dévore jusqu'à saturation. Non parce qu'il crève la dalle, qu'il émerge d'une grève de la faim ou qu'il apprécie la qualité des mets qu'on lui présente, mais parce qu'une pression interne puissante et incontrôlée l'y pousse. Il mange plus que nécessaire et n'est jamais rassasié. Il cherche la réplétion, le plein, le trop-plein. Il ne sirote ni ne taste. Il gobe et happe. La jouissance naît de la sensation de comblement, non du plaisir gustatif. La quantité prime sur la qualité ou la nature des objets incorporés. Tout est bon, pourvu que ça se digère. La bouche se mue en malaxeuse, l'œsophage en siphon glouton, l'estomac en puits sans fond.
C'est ce qui distingue le "gourmand" du "gourmet".
Qu'est-ce qui motive ce comportement de l'extrême?
Qu'est-ce qui justifie ce besoin de se goinfrer jusqu'à saturation nauséeuse?

Pour le comprendre, posons d'abord un constat banal à la portée de chacun. Il nous arrive à tous et à toutes d'avoir le "blues", de nous sentir maussades, cafardeux, frustrés, déprimés, d'avoir le vague-à-l'âme et le moral dans les chaussettes. Que faisons-nous spontanément? Nous "compensons". Comment? En ingérant, et en ingérant le plus souvent des aliments sucrés. Il existe une relation entre nourriture et état émotionnel, entre manger et ressentir ou, plus précisément, entre manger et ne plus ressentir. Enfourner et lamper: antidotes salvateurs au ressenti de la tristesse. Le sucre est le plus vieil antidépresseur connu. On peut se le procurer sans prescription médicale, blanc ou brun, cristallisé ou impalpable, à l'état naturel ou comme ingrédient basique de l'alchimie pâtissière.

Cela étant, même si, comme dit le bon peuple, "on mange avec les yeux" (et aussi avec le nez, ajouteront les raffinés), c'est par la bouche qu'on avale. L'orifice oral est le sas obligé du bol alimentaire. Mais c'est le sas de tous les extrêmes. S'y engouffrent avec délectation tous les paradoxes de l'humaine nature. Par la bouche, je puis embrasser ou mordre, insuffler la

vie ou l'étrangler, susurrer des mots d'amour ou éructer la haine, blesser à mort ou faire naître l'espoir, instiller la joie ou expurger la souffrance, vivre la jouissance ou la douleur. C'est la raison pour laquelle le psychologue s'y intéresse autant que le gastrologue et le gastronome.

La satisfaction "orale" est la première modalité de relation du nourrisson avec le monde extérieur par le biais du sein de sa mère. A l'aube de la vie, c'est par la bouche que le petit d'homme happe le suc vital. C'est dans l'adéquation de la bouche et du sein (ou de son substitut-biberon), que le bébé puise en même temps que le lait (nourriture biologique), sécurité, réassurance, bien-être et sentiment d'être aimé (nourritures affectives). En conséquence, un enfant pour qui tendresse et sécurité ne passent que par le sas buccal (la mère étant incapable d'aimer autrement qu'en gavant) deviendra probablement un adulte boulimique ou anorexique. La nourriture change de statut. Elle n'est plus source d'énergie, apport en protéines, vitamines, nutriments ou oligo-éléments, mais moyen de combler la béance douloureuse de la relation vide d'"autre chose". En s'empiffrant, le gourmand s'apaise et se sécurise, le boulimique ajointe à son vide intérieur un faux-semblant de "plein". Comme celui-ci est éphémère, jamais définitif, il exige réapprovisionnement permanent. La dernière cène se joue en boucle et en circuit fermé.

Ce n'est pas tout.
Physiologiquement, les glucides (sucres) ont une très fâcheuse propension. Ils se métabolisent en lipides (graisses), sans "préavis de crève" et sans appel. L'excès alimentaire se traduit donc par une prise de poids dont l'aboutissement fatal est l'obésité. Sur le plan physique, les tissus prolifèrent sur l'axe horizontal. La silhouette s'épaissit. Elle s'enrobe de matières molles, gélatineuses et flottantes qui en dissout les contours, en évacuent les limites, en estompent les frontières.
Si l'hypertrophie cellulaire est disgracieuse, elle n'est jamais grotesque lorsqu'elle s'étale sans complexe.

Sur le plan psychologique, la conjoncture est heureuse. La couche graisseuse est enrôlée au service de plusieurs maîtres. D'abord, elle fait office de pare-choc. Comme pour un véhicule. Elle amortit les excitations (internes ou externes) trop vives, trop intrusives, trop menaçantes. De là, sans doute, l'impressionnante placidité des gros. Ensuite, elle est un antidote efficace non plus seulement à la tristesse ou au désespoir mais aussi à la peur et notamment à la peur de l'intimité. Grâce à son enrobement, l'individu se désexualise, donc préserve la distance, (s') interdit tout rapprochement sexuel et affectif. Les gros et les grosses, écrit Jean BAUDRILLARD, "sont fascinants par leur oubli total de la séduction".

C'est pourquoi, lorsque le psychologue voit entrer dans son cabinet, une personne qui brandit sa masse adipeuse comme un étendard (et qu'il a pris soin de vérifier que les rondeurs excessives ne procédaient pas d'un dysfonctionnement hormonal), la question qui immanquablement le guide est: quel bénéfice relationnel l'adiposité lui apporte-t-elle? Qu'est-ce qu'elle lui permet d'obtenir? Et surtout: qu'est-ce qu'elle lui permet .... d'éviter?

L'AVARICE

" L'extrême avarice se méprend presque toujours:
il n'y a point de passion qui s'éloigne plus souvent
de son but, ni sur qui le présent ait tant de pouvoir,
au préjudice de l'avenir."
(La Rochefoucauld Mx 491)

- “Au voleur! Au voleur! A l’assassin! Au meurtrier! Justice! On m’a coupé la gorge.
On m’a dérobé mon argent”
- “ Maudits soient les avares et les avaricieux!” *
Par la grâce du divin MOLIERE, Harpagon s’est fait figure emblématique. Au côté d’Arlequin, de Colombine et de Pantalon, de Tartuffe et de Pierrot, de Diafoirus, du valet Sganarelle et du barbier Figaro, il trône au panthéon de la comédie. Au point de “faire synecdoque”. Aujourd’hui, celui qui veut paraître docte, préfèrera “ce monsieur est un Harpagon” plutôt que le banal “qu’est-ce qu’il est radin, ce mec!”. Semaine du Bon Langage: ne disez pas “disez”, disez “dites”!

Deux siècles plus tard, révolution de palais!
Par la grâce du devin FREUD, père-fêtard (!) de la psychanalyse, Harpagon quitte la scène pour le cabinet, le côté-cour pour le côté-divan. Il devient un prototype psychologique, mieux: un portrait clinique névrotique. Foin de la comédie de mœurs.
L’heure est à la psychologie des profondeurs.

Flash-back et bref rappel!
Selon le père Sigmund, la sexualité est le turboréacteur de notre comportement. Toujours selon Sigmund qui a bien étudié la chose (il y a consacré une vie qui fut longue et féconde), la sexualité humaine est une étrange mayonnaise, un cocktail détonant, une mixture composée de trois ingrédients de base: un zeste citronné d’"oralité" ciblant la

bouche, un soupçon acre d’"analité" cintrant l'anus et une certitude poivrée de "génitalité" bandant les organes reproducteurs (sans jeu de mot facile!).

Pourfendeurs devant l'Eternel des Sept Péchés Capitaux, les théologiens du Moyen-Age n'avaient pas lu Sigmund FREUD. Or, chose bizarre, ils ont condamné la gourmandise, turpitude de la bouche. Ils ont fustigé la luxure, usage malsain (parce qu’immodéré) du sexe. Ils n'ont pas oublié l'AVARICE ... perversion naturelle de l'"anal".

Avarice, analité!
Argent, anus, matières fécales! Etrange accolade! Liaison insolite!
Faut-il avoir le gag-à-l’âme ou le goût des contiguïtés torves pour oser pareille association.
C'est vrai qu'elle est surprenante, déroutante, inattendue.
On pense: c’est du charivari de virtuose du canapé, du charabia de “char-lacan” du divan, bref du ... “gali-matelas” de psychanalyste.

Pourtant!
Reportons-nous une fois encore à l'évolution psychique du petit-d-homme.

A l'orée de ses deux ans (si judicieusement dénommé "âge du pot"!), Grand Chambardement dans le monde sensoriel de l'enfant. Bébé fait soudain une découverte surprenante, stupéfiante, exhilarante: le petit bâton brun qui fait la nique au fond de son pot de faïence (ou de plastic) provient ... de l'intérieur de lui. Son corps est une machine productrice, productrice de fèces; son corps est un circuit, un circuit étronique. Comme il n'est pas débile, il en déduit que ce corps est une machine creuse puisqu'elle contient/retient quelque chose qui peut en sortir. De cette déduction, germe un raisonnement implacable. Bébé comprend que cette merveilleuse production de son corps-creux (le beau caca!) est commandée par un anneau arrière, une porte d'issue, dans le langage des Grandes Personnes: un muscle rond, un sphincter, qu'il peut ouvrir et fermer à volonté. Comme le robot-poinçonneur du métro Porte des Lilas, il régule le passage, ordonne la circulation, décide de ce qui passe et de ce qui ne passe pas. En un mot, comme en deux: il contrôle souverainement les flux souterrains.

Réorientation géographique! L'intérêt de l'enfant se déporte vers un nouveau point de son anatomie, une zone fascinante, un sas stratégique. Il y a une vie après la bouche. Elle se love dans ce trou paléo lytique situé au centre de son hémi-fesse. Il observe avec la perspicacité impitoyable des enfants que grâce à l'ouverture ("je laisse aller") et la fermeture ("je retiens") de cet orifice cloacal niché dans sa fente arrière, il possède un pouvoir despotique, source d'une jouissance euphorique. Il peut, selon l'humeur du moment, contenter ou mécontenter sa maman, la satisfaire sans délai ou la faire poireauter, animer son visage d'un sourire radieux ou froncer ses sourcils en accent circonflexe. De ce pouvoir d'offrande ou d'offense, il va user sans vergogne. Son périnée devient un redoutable levier de contrôle sur son entourage. Grâce à lui, il peut agir sur le monde mental de l'autre et façonner ses émotions.

Pour le psychologue, le rapport de l'enfant à ses matières fécales est le prototype de son rapport futur à l'argent.
A l'inverse du "dispendieux" qui ouvre son escarcelle à tout vent, évacue, disperse, dilapide, distribue, ne garde rien, l'avare est incapable de lâcher parce que sa besace est garrottée par un puissant sphincter mental. Sa devise est: grapillons-accumulons-thésaurisons. Il ressemble à l'enfant qui se retient sur le pot. S'il laisse fuir son argent, il connaît les affres de l'incontinence: se vider de sa propre substance et de devenir creux. L'angoisse du néant lui titille l'arrière-train. C'est l'Alerte Rouge; l'hémorragie pour un hémophile.

Si l'argent se thésaurise, peut se blinder dans un coffrage hermétique à l'abri des convoitises, d'autres objets remplissent le même o(ri)ffice. Qu'est-ce qu'une collection de papillons exotiques sinon une collation d'ailes bariolées que l'on expose généreusement à la vue (in vitro) après l'avoir égoïstement prélevé à la vie (de vivo)? Qu'est-ce que l'érudition savante, sinon l'accumulation d'un savoir prétentieux qu'on étale comme une confiture juteuse sur une mie sèche? Pour le pingre de l'intellect, communiquer son savoir, le transmettre, le partager, c'est, fantasmatiquement, prendre le risque de devenir creux, de perdre sa substance, son aura ou son pouvoir, c'est-à-dire de s'annihiler.

C'est la raison pour laquelle, confronté à un Harpagon de l'avoir ou du savoir, à un épingleur de papillons ou de fers à cheval, à un exposant de minéraux ou de cylindrées miniaturisées, à un copocléphile ou à un tetratricotrilomaniaque (en français: un collectionneur de porte-clefs ou un coupeur de cheveux en quatre), le psychologue se posera toujours cette question triviale, aussi plate qu'un polder: comment, à l'âge de deux ans, cette sympathique personne se comportait-elle sur le pot?

- MOLIERE L'Avare IV.7

Entre parenthèses

L'APOCOPE
NOUVEAU PECHE DU LANGAGE

" Nous vivons une époque formidable, cher monsieur!"
" Oui, chère madame, ... une époque apocopique!"

C'EST QUOI, DE "L' APOCOPE"?..
ON DIT "APOC", RÉTROGRADE!..
Serdu.

Apocopique!
Terme un rien sinistre.
Il sonne comme cataleptique, asthmatique, rachitique, despotique, fanatique, pathétique, antipathique, apocalyptique !

E**poque** apo**c**opique...
Séduction de l'allitération facile? Exercice d'articulation phonétique pour apprenti-comédien (dans le style "pour qui sont ces serpents qui sifflent sur vos têtes" ou plus trivialement "seize saucisses sèches dans seize sachets sales", ou encore "les chaussettes de l'archiduchesse sont-elles sèches, archi-sèches")?
Pas du tout!
Vous allez comprendre.

Aurélien, mon fils, avait cinq ans et demi. A l'école du village, il était en "mat. sup." et en était très fier. Un soir, je le surprends en séance de méditation transcendantale devant ses catalogues de jouets étalés sur son lit. Avec une application extatique, il détaille les somptueux objets offerts à son désir.

- "Papa, quand est-ce que j'aurai mon robot?"
- "Quel robot, mon chéri?"
- "Mais tu sais bien: le DX Mégazord!"

Evidemment que je sais.
Toutefois, essayant d'appliquer les principes éducatifs que, par ailleurs j'enseigne (apprendre aux enfants à postposer la satisfaction de leur désir), je lui réponds:
- "tu l'auras comme cadeau à la prochaine fête".
Il me saute au cou:
- "Ouais Pa, t'es super cool, je l'aurai à ... la Saint Nic!"
- "!!!!"
C'est ainsi que mon fils, un beau soir d'automne, entra dans l'ère de l'apocope.

Définition.
L'apocope est l'opération qui consiste à décapiter un mot ... par la queue.

Description.
A l'état sauvage, on en trouve trois espèces dans la litté-nature:

- l'apocope poétique: celle du bateleur de mots (fâché avec l'orthographe) qui, dans sa boîte-à-outils-lettres, oublie le "e" final de "encore" pour faire rime parfaite avec "j'aime le son du cor"

- l'apocope utilitaire. On ne peut le nier! "Magnéto", c'est plus simple à prononcer que "magnétoscope", "diapo" que "diapositive", "tram" que "tramway".

- l'apocope identitaire: celle qui sert de mot de passe et dans laquelle se reconnaît une génération "branchée-jeune" ("sympa" pour "sympathique", "Macdo" pour "Mac Donald", "perso" pour "personnel" ...). Cette espèce d'apocope se lie souvent d'amitié avec un congénère. Exemples: un instit sympa, un docu perso!

Nihil novi sub sole
Rien de nouveau sous le soleil.
Marivaux avait déjà tout compris.
La vie n'est que jeu de l'amour et ... du langage.

LES 3 PECHES CAPITEUX

LA MANIPULATION

Julie - Avez-vous imaginé pour notre affaire quelque chose de favorable? Et croyez-vous, Eraste, pouvoir venir à bout de détourner ce fâcheux mariage que mon père s'est mis en tête?

Eraste - Oui, belle Julie, nous avons dressé pour cela quantités de machines... Ne nous demandez point tous les ressorts que nous ferons jouer: vous en aurez le divertissement.
(MOLIERE Monsieur de Pourceaugnac I .1)

ALORS, VOUS SOUSCRIVEZ, POUR L'ASSURANCE ?..
HIPS.. BEN.. PUISQUE VOUS ÊTES DEUX À LE DEMANDER !

“Elle m’a manipulée”
“Quand cesseras-tu de manipuler les gens!”
“ Présenter ainsi les choses, c’est de la manipulation.”

Le mot “manipulation” n’a pas la cote. Il rime avec “machination” et s’arrime sans trop de réticences à “machiavélique”. Au dix-septième siècle, dans la langue de Molière, une “machine” signifiait un complot, un simulacre, une ruse affûtée, une mise en scène savamment orchestrée, visant à berner un benêt, un tartuffe, un barbon, un précieux, une ridicule.

Aujourd’hui, la manipulation se décline dans toutes les langues. Elle est en verve. Et trop honnie pour être honnête. Le moraliste y détecte l’œuvre du Malin. Le politicien la suspecte partout (le citoyen, plus encore!). Le pigiste* à l’affût la flaire comme une truie hume le champignon noir, en sarclant la truffière. Si le sol est stérile et si le scrupule ne l’étouffe pas, il en façonnera un leurre crédible pour le jeter en pâture au peuple a-vide. Bon nombre de psychologues y sont réfractaires. Ils y voient l’avatar pervers d’une vertu cardinale béatifiée: Sainte-Spontanéité. Manipuler, n’est-ce pas tourner le dos à l’authenticité?
Pourtant!
Pourtant ... d’un tissu serré de manipulations, de ruses et de feintes, notre quotidien n’est-il pas maillé?

Agacé par les incantations propitiatoires sur les dangers de la manipulation, un confrère plus expérimenté, m’expliqua un jour que la manipulation était consubstantielle à la relation humaine. “Toute relation”, disait-il, “est entachée de manipulation, fut-elle inconsciente. C’est comme ça. Il n’y a pas à s’en émouvoir outre mesure. Il faut s’en faire une raison”.
Dans un premier temps, j’admis cette assertion. Je l’admis d’autant plus aisément qu’elle me rassurait. Moi-même, tout compte fait ....
Par la suite, en y réfléchissant, j’en suis arrivé à me demander si l’on ne pêchait pas par simplisme, en condensant sous un même vocable, deux réalités distinctes.
Aujourd’hui, j’en suis convaincu.

Exemple. Je me shoote à la “cooke”. Les dealers ne sont pas philanthropes. Pour gagner ma dose, j’ai besoin de fric. Et comme je n’aime pas trop la sueur de mon front, je vais “taper” ma mère en lui disant que c’est pour acheter des fringues ou payer le billet de bus pour me présenter à l’ANPPE. Alors ma mère “allonge”. Ca fait des années que ça dure. Pas de raison de s’arrêter en si bon chemin!
Morale de cette belle histoire?

VOYONS, DURAND, VOUS N'AVEZ AUCUNE RAISON D'AVOIR DES COMPLEXES !

C'est l'histoire d'une extorsion malhonnête, chronique, répétitive, élimée comme un vieux froc. Mais attention! L'opération est plus subtile qu'il n'y paraît. Car, l'extorsion est mutuelle. Elle s'établit sur un pacte de réciprocité. La victime est consentante. Ma mère n'est pas née de la dernière pluie. Si elle joue la bonne poire, c'est pour sa bonne cause. Comme elle le répète souvent, elle me connaît comme si elle m'avait fait! En me donnant l'argent, elle se doute de son usage. Mais elle m'extorque en échange un peu d'amour, de reconnaissance, de gratitude.
En jargon "psy", il s'agit-là d'un "stratagème" c'est-à-dire d'un jeu manipulatoire infra conscient (les anglais disent: "games" comme dans "war games"). Le parasitisme est mutuel. Il fonctionne dans les deux sens. Chacun utilise l'autre à ses propres fins névrotiques et engrange au passage quelques bénéfices pour ses fins de mois difficiles.

Dans ce contexte, comment définir la manipulation? Comme la particule élémentaire du stratagème, sa brique constitutive, son unité fondamentale, sa transaction de base. La dernière fois que j'ai "tapé" ma mère de la sorte (c'était vendredi dernier à 17H15 en face de la fontaine-aux-trois-anneaux, à l'angle du boulevard Winston-Churchill et de la place Victor-Hugo), je l'ai manipulée. La manipulation dure quelques secondes ou quelques minutes. Le stratagème dure des années, voire toute une vie.

Autre chose est la "stratégie".
Je désire ardemment quelque chose. Je mets en place les moyens adéquats pour l'obtenir. Quoi de plus normal, en somme! Concevoir et appliquer les moyens les plus adroits pour arriver à mes fins, c'est être stratège, tacticien ou diplomate. Contrairement au stratagème, la stratégie est délibérée, calculée, rationnelle et parfaitement consciente. Certes, elle peut être malsaine (il y a des moyens malhonnêtes pour arriver à des fins malhonnêtes comme il y a des mixtures douteuses pour assouvir des faims peu honorables), mais elle peut aussi s'avérer positive. Elle permet de huiler les interactions quotidiennes, de civiliser le frotti-frotta des relations entre individus dans l'espèce Singe Nu. Ainsi, lorsque j'ai une critique à adresser à mon subordonné, à mon conjoint ou à mon enfant et que je réfléchis à la formulation la plus acceptable pour lui (c'est-à-dire la moins blessante), c'est de la stratégie relationnelle, une "pragmatique" utile de la communication. Elle me permettra de transmettre mon message avec "empathie", c'est-à-dire en me souciant de la manière dont il va être subjectivement reçu par mon interlocuteur. Dans l'idiolecte usuel, cela s'appelle "tact", "respect" ou "sollicitude".

Entre deux mots, choisissons le moindre!
Le stratagème, c'est utiliser la personne de l'autre à mes propres fins et à

son détriment.
La stratégie, c'est mettre mon cerveau au service de l'objectif que je m'assigne rationnellement.

Si la manipulation est éthiquement suspecte et psychologiquement dangereuse (comme le mensonge, on le verra), la stratégie est une règle incontournable du G.J.R.S. (Grand Jeu des Relations Sociales).

* pigiste = journaliste indépendant, non lié contractuellement à une rédaction.

LE MENSONGE

" Nous sommes si accoutumés à nous déguiser aux autres, qu'enfin nous nous déguisons à nous-mêmes."
(La Rochefoucauld, Mx 119)

"Croix de bois, croix de fer;
si je mens, je vais en enfer"
(Sentence enfantine)

MON EMPLOI PRÉCÉDENT NE ME PLAISAIT PAS …
.. C'EST MOI QUI AI DÉCIDÉ DE LE QUITTER…
sardu.

Dixième Commandement (apocryphe*):
"Du mensonge, comme de la peste, te garderas; sinon promptement te confesseras"

C'est vrai qu'il ne faut jamais mentir!
Pinocchio en sait quelque chose. Il mentait si mal que son nez s'allongeait, s'allongeait, s'allongeait.... rivalisant en joute nasale avec Monsieur Cyrano de Bergerac.

Pour le moraliste, mentir, c'est pécher contre Dieu et ses saints préceptes.
Pour le psychologue, mentir, c'est offenser la relation et son sain concept.
Mentir, c'est négocier un virage à cent kilomètres/heure et cintrer le premier platane à front de route, c'est frôler l'abîme du vide interhumain et parfois s'y perdre, corps et biens.
Pourquoi?
Pour deux raisons.

Première raison. Le mensonge fonctionne selon une logique de l'auto-entraînement ("run-away"), c'est-à-dire à la manière d'un engrenage, d'une avaleuse gloutonne. Une fois qu'on y a mis le bout du petit doigt, le doigt suit, puis la main, puis le bras, puis tout le corps. On y est aspiré. Comme une mouche captive d'une toile d'araignée, plus on se débat, plus on s'enlise. Chacun peut en faire l'expérience. Le mensonge, comme le crime, est rarement parfait et souvent signé. A l'instar du Petit Poucet, il sème des petits cailloux blancs. Mais ceux-ci sont des bombes à retardement, des explosifs en-différés. Lorsqu'on commence à mentir (à son conjoint, à son enfant, à son ami, à son patron...), on est insensiblement amené à colmater les brèches du premier mensonge par un second, puis un troisième, puis un quatrième.... On finit par se perdre dans les dédales de ses propres malversations, par se prendre le pied dans les rets de sa propre duperie. On patauge dans une semoule gluante qui colle aux sabots.

Seconde raison. S'il est mis à jour (ce qui finit par arriver tôt ou tard), le mensonge mine la confiance et tue la relation. Cette cassure est irréparable. Les témoignages à charge le confirment. En cas de flagrant-délit de mensonge et quel que soit l'alibi ou le mobile, il y a un "avant" et un "après". Le procès est sans délai et la sentence sans appel: "S'il m'a menti une fois, comment le croirais-je encore?", "Elle m'a fait avaler une couleuvre, à présent j'en connais la couleur".
On peut pardonner un mensonge; l'oublier, jamais!

* Apocryphe = demeuré caché

MON PAPA, IL A 8 VOITURES, 5 ORDINATEURS, 6 MAISONS...
ET UN FILS MENTEUR !...
Serdu

Faut-il en conclure que, dans une relation saine, il faille tout dire, il faille tout SE dire? Le contraire de mentir est-ce ouvrir son cœur à tous vents? Non!

Et c'est ici que moraliste et psychologue s'intentent divorce.
La morale proscrit le "mensonge par omission".
Il arrive que la psychologie le prescrive.
Omettre n'est pas mentir.
What's the difference, sir?

Mentir c'est prononcer un énoncé en sachant que cet énoncé est contraire à la vérité.
Exemple: "Mon amour, je te jure sur la tête de ma sainte mère, paix à son âme, que cet homme ne m'a jamais intéressée" ("L'Infidèle" de Claude Chobral, Plan 103, intérieur-nuit).

Omettre, c'est garder une vérité pour soi parce qu'on estime que tout n'est pas bon à dire à n'importe qui, n'importe quand, et n'importe comment.
Exemple: c'est vrai qu'un jour, juste un instant, j'ai flashé pour cet homme. Mais pourquoi t'en parler et risquer de te blesser, ne fusse que dans ton amour-propre, alors même que mes coups de cœur ne concernent finalement que moi, à partir du moment où ils n'ont pas la moindre conséquence sur notre relation?.
Omettre, c'est éviter le risque de dérapages inconsidérés pour sauvegarder un lien, le protéger, le prémunir à l'encontre de ce qui peut lui nuire.
Omettre, c'est admettre qu'il y a des secrets utiles parce qu'il y a des vérités délétères.

Le mensonge balafre le contrat de confiance. Il casse la relation par mortelle-fission.
La volonté obstinée de transparence la fond dans un acier compact. Elle la tue par mortelle-fusion. "Si l'on s'aime, on doit tout se dire". "Dans un couple, on ne peut avoir de secret l'un pour l'autre". Ineptie, que tout ceci! Discours honorable pour couvrir un mobile fallacieux... et souvent égoïste. Car faute avouée, faute auto-pardonnée! Parler, n'est-ce pas se soulager à bon compte? N'est-ce pas se libérer du poids d'un secret trop lourd en transvasant dans le monde émotionnel de l'autre une part de sa charge?
S'agit-il de partage ... ou de vidangeage?

Puis, de même que l'excès de conscience tue l'innocence, l'excès de transparence annule le mystère et la pudeur. C'est le voyeurisme/exhibitionnisme pervers sous sa parure BCBG. C'est l'oubli obstiné d'une vérité qui s'obstine: la relation interhumaine ressemble à un paysage de collines au soleil couchant. Elle est faite de pans alternés d'ombre et de lumière, de reliefs et de contrastes, de couleurs et de demi-teintes. Elle est un jeu d'alternance entre franche spontanéité, ruses franches et demi-feintes.

En matière relationnelle, être transparent à l'autre, être transparent pour l'autre, c'est la terreur au quotidien. C'est l'horreur du "plein-feu" permanent, du jour qui n'en finit pas, du "clair" sans l'"obscur".
En matière de "meilleur des mondes", HUXLEY n'aurait pu rêver mieux.

LE PREJUGE

" Il vient un temps où l'esprit aime mieux ce qui confirme son savoir que ce qui le contredit, où il aime les réponses plus que les questions. Alors l'instinct conservatif domine, la croissance de l'esprit s'arrête." (G.BACHELARD)

"Tout ce que tu dis, parle de toi, singulièrement quand tu parles des autres." (P.VALERY)

POUR NOUS, TOUT CE QUI N'EST PAS TOTALEMENT BLANC...
... EST COMPLÈTEMENT NOIR !...
FISC

Entre poire et fromage, vissé à ma chaise, j'observe mon voisin de table. C'est un homme tout en rondeur, bien-en-chair. Il a le visage grassouillet d'un sénateur-maire. Il fourrage dans son assiette avec féroce appétit. En mon for intérieur, je me dis: voici un beau spécimen de bon vivant.
Traversant à grande enjambée la cours de récréation de l'école où je bosse, j'ajuste mon focus sur un adolescent solidement charpenté qui se prépare à laminer un de ses condisciples. La mine gouailleuse, il roule des mécaniques comme Clint Eastwood dans "Riffifi à Rimini". Je ne le connais ni d'Eve ni d'Adam mais sa plastique guerrière ne laisse présager rien de bon. L'autre va passer un mauvais quart-d 'heure. J'en conclus: ce gamin est un fieffé bagarreur.
En stand-by sous le séchoir au salon de coiffure, je feuillette distraitement "France-Soir" ou "Femme Actuelle". A travers une rapsodie d'air pulsé, de coup de ciseau et de bavardage filtrés, j'entends ma voisine deviser avec l'apprenti-Figaro. Elle commente doctement les événements du monde, avance sa solution (dans le style "y-a-ka!) au conflit israélo-palestinien et, comme l'oracle de Delphes, prédit la hausse inévitable du prix du gasoil routier. Je pense: quelle prétention! Elle pète plus haut que son cul.

Puis, comme chacun sait à l'A.H.C.C. (Association des Habitués du Café du Commerce), Juliette est frivole puisqu'elle est femme et que toutes les femmes le sont; les italiens sont les maillots jaunes de la séduction puisque Roméo est un amant incomparable et qu'avec un tel prénom, il ne peut être qu'italien. Par ailleurs, on se rappellera l'avarice proverbiale des écossais, l'hypocrisie des jaunes, l'ingratitude des jeunes, la connerie des vieux et surtout des vieux-bourgeois: ils accumulent les tares en cumulant les statuts.

Aucune région de l'éther social n'échappe à ce photon baladeur d'énergie interactive qu'est ... le stéréotype.
Il est omniprésent, insistant, persuasif.
Comme un apparatchik manœuvrier, il intrigue en coulisses, complote en sous-main, conspire avec la discrétion feutrée d'un tâcheron de sous-préfecture. Avec flagrant délice, il s'insinue dans les interstices du tissu social et y impose, bon gré mal gré, le recours de sa médiation.

Comme toute médiation, celle-ci est bidirectionnelle. Elle circule dans les deux sens comme les métros, tramways, RER et véhicules cadencés des transports urbains. C'est un aller-retour entre l'individu et son groupe, entre le "particulier" et le "collectif", une navette ininterrompue entre les Petits-Chaperons-Moi et le Grand-Puissant-Nous.

Comment fonctionne cette mécanique bien huilée?

D’une façon très simple.
A l'aller, le stéréotype s'agrippe aux vestons des “Petits Moi” (vous et moi). Il y adhère comme la vrille de la vigne au vieux mur lézardé ou le sparadrap indécollable sur la bajoue du capitaine Haddock (cfr “Tintin et l’Affaire Tournesol”). Sur leur revers, il imprime en toutes lettres les caractéristiques attribuées (à tort où à raison) au grand "Nous" du groupe d'appartenance: la race, la nationalité, l'ethnie, le sexe, la classe d'âge, la classe sociale etc.
Au retour, même scénario mais à l'envers. Le stéréotype appose sur le blason du groupe cette fois, l'une ou l'autre caractéristique perçue sur la livrée des petits "Moi" qui s'en revendiquent. Que cette caractéristique soit observée ou hallucinée, réelle ou imaginaire, ne change rien à la chose. Le “collectif” n’échappera pas au collet de l’attribution, surtout si celle-ci est négative et dépréciative. Elle sera inscrite en lettres indélébiles sur sa carte d’identité et enregistrée comme telle dans les registres de l’état si vil.
Dans un sens donc, Juliette est frivole puisqu'elle appartient à la gent féminine. Dans l'autre sens, les femmes sont toutes frivoles puisque Juliette (qui en est une) offre tous les attributs de la féminité et de la frivolité.
Cosi fan tutte!

Par cette entremise réversible comme un sablier, le stéréotype assure subrepticement la jonction entre l'individu et le groupe. Il cimente les interactions quotidiennes par leur plus petit commun dénominateur. C'est la tarte-à-la crème fouettée, le modèle passe-partout, la pensée aux moindres frais, l'opinion au moindre risque. Il s'infiltre dans les conversations et dans les cerveaux en privilégiant les sentiers mille fois battus. Sa prolifération est étonnante puisqu'il se reproduit par simple contact. Véritable végétal glouton, il lance ses arborescences tous azimuts et sa croissance ne connaît pas de limites. Ses racines s'enfoncent en réseau serré dans le magma des idées-toutes-faites. Elles sont parfois si profondes qu'elles échappent au détecteur de vilains songes ou résistent farouchement à l'arrachage.

Bref, le stéréotype est un virus hyper-résistant (pas d’antidote connu à ce jour) qui ramollit le cerveau au point de le réduire à sa fonction d’emballage: les gens sont docilement rangés dans des “kits” préfabriqués sur lesquels on a préalablement collé l’étiquette.

La plus légitime défiance s’impose devant cette propension calamiteuse du cerveau à croire que l’être d’une personne se réduit à son comportement manifeste ou que son comportement préjuge de l’entièreté de son être.
C’est oublier que l’étiquette crée l’homme autant que l’homme ne crée l’étiquette.

Nous-mêmes, sommes-nous certains d'agir toujours de façon constante quelles que soient les circonstances? N'affichons-nous pas des facettes différentes de notre personnalité selon les gens avec lesquels nous interagissons, selon les lieux et mi-lieux dans lesquels nous évoluons, selon les positions et les places que nous occupons dans la société? Finalement, ne sont-ce pas les situations qui font de nous ce que nous sommes ou, en tout cas, ce que nous en laissons voir?

D'où vient cette propension à l'étiquetage qui, si souvent, vire sa cuti vers sa version endémique: la "stéréotypite aigüe"?
Elle repose en définitive sur un besoin aussi naturel que boire, manger, respirer. Qu'est-ce que catégoriser (faire entrer, de gré ou de force, dans des catégories) sinon mettre un ordre (souvent illusoire, mais bon!) dans le chaos, rendre les choses plus facilement compréhensibles en les simplifiant et en les classant?
Rien à y redire... à priori!
Le problème est le suivant: si nous n'y prenons garde, cette tendance fourbit l'arsenal des préjugés sexistes, racistes, caractérologiques, idéologiques, soit ces images pré-emballées qui figent l'être en un impeccable garde-à-vous, induisent subrepticement une attente et une pression de conformité à cette attente. Puisqu'on dit que je suis un râleur invétéré, c'est que je le suis vraiment, et je le serai effectivement. Puisqu'on dit de moi que je suis un raté prolifique, c'est que je le suis et le serai effectivement. A l'école, mes collègues me disent "dépressive". Aucun doute : je suis une "institu-triste".

Nous procédons de la relation dans le sens où nous nous édifions psychiquement grâce à la relation. Le lien interhumain nous construit et nous aide à devenir qui nous sommes. Quelqu'un qui, verbe haut et regard altier, proclamerait "moi, monsieur, l'opinion des autres, j'en ai rien à cirer" perdrait illico sa présomption d'innocence et me deviendrait éminemment suspect. Je le suspecterais du Péché d'Orgueil. Qui peut se prétendre indifférent au regard de l'autre? Mais en revanche, si nous nous identifions complaisamment à ce regard, notre identité se délite comme un château de sable sous le flux amollissant de la marée montante. Elle s'aplatit à la dimension d'une image, d'un croquis, d'une ébauche, d'une trace évanescente.

Morale?
Le préjugé est une opinion cousue de fil blanc.
Une chose est d'admettre que ce fil permet parfois de "faire tenir les choses ensemble".
Autre chose est d'en être dupe.

Conclusion

LES PAVES DE L'ENFER

DOUANE
CERTIFICAT DE BONNES VIE ET MOEURS SVP..

Un autobus bondé.
N'ayant pu y trouver place assise, de nombreux passagers, accolés les uns aux autres comme des anchois dans leur boîte, squattent le couloir central, entre les banquettes. Le bus fait arrêt, embarque la ribambelle bruyante de l'école voisine et manœuvre pour dégager. A cet instant, le conducteur aperçoit dans son rétroviseur une dame s'essoufflant dans le sillage du véhicule. Il enfonce la pédale de frein. Cul sec! Et actionne le mécanisme d'ouverture des portes. Heureuse comme Sœur Angélica, la dame remercie le conducteur sympa. "Mais c'est tout naturel, voyons".

Jolie histoire!
Ne fit-elle pas des heureux?

Que des heureux? Pas sûr!
A l'intérieur du bus: une dame âgée fut projetée au sol par la puissance virile du freinage. Une vingtaine de "stationnant debout", pour avoir hâtivement lâchés la main-courante, connurent la frayeur de leur vie. Quant aux chanceux-assis, ils eurent les orteils labourés sans ménagement par les malchanceux debout, tentant de retrouver leur verticale.

Autre anecdote.
Voici quelques années, une campagne de sensibilisation fut menée dans différents pays européens pour engager les automobilistes à respecter plus scrupuleusement les passages pour piétons qui zèbrent çà et là le macadam. Vertueuse initiative, sans doute. On sait que dans tout "fana" du volant sommeille un Fangio.
Mais il y a ceux qui, en matière de courtoisie routière, ont tendance à pêcher par excès de zèle ou à prendre l'esprit dévot des lois au pied-bot de la lettre. L'un de ceux-ci, déboulant à bonne allure, avisa soudain un piéton se dirigeant vers le passage clouté. Témoin oculaire de la scène, je puis témoigner de ce que ce piéton n'y était pas encore engagé et que, dès lors, l'autonomiste n'était pas tenu de s'arrêter pour lui céder le passage. Il le fit pourtant. Mais il freina avec un tel entrain juvénile ... qu'il fut embouti par le véhicule qui le suivait, qui fut embouti à son tour par un troisième.

"Le mieux est l'ennemi du bien" dit la sagesse populaire qui renchérit: "l'enfer est pavé de bonnes intentions".
Que sage est cette sagesse!
Dans les deux cas relatés, un motif vertueux produit une conséquence désastreuse; une intention louable accouche d'un effet catastrophique. Il y a loin de la coupe d'envie aux lèvres gourmandes. La chose est connue: dans les administrations comme dans les entreprises, un règlement appliqué "à la lettre", conduit tout droit ... à la paralysie. D'où la redoutable efficacité de

la grève du zèle.

Je n'ai jamais oublié la leçon inaugurale d'un de mes maîtres: en matière de fonctionnement collectif et de relations humaines, disait-il, ce ne sont pas les intentions qui priment mais les effets induits. Et de fait! Combien de fois ne nous arrive-t-il pas de produire des effets dommageables, alors que nous sommes mus par une intention bienveillante. “Je n'ai pas voulu ça”! Non, nous ne l'avons pas voulu, mais nous l'avons néanmoins provoqué.

Les interactions de la vie quotidienne impliquent des ajustements permanents aux particularités des situations. Elles exigent une aptitude au calcul des risques et à l'anticipation des conséquences. Qui trop embrasse, rate le train! Si le conducteur du bus avait fait ce calcul, l'accorte retardataire serait restée à quai, mais les voyageurs n'auraient pas frôlés l'apoplexie. L'automobiliste se serait abstenu de son coup de frein fatal et le piéton aurait traversé la chaussée quelques secondes plus tard en toute quiétude.

C'est la raison pour laquelle je me méfie comme de la peste des parangons de vertu, des ayatollahs sourcilleux, des fustigateurs empressés, et conserve toujours dans un coin de ma mémoire cette mise en garde de MONTESQUIEU: “La vertu même a besoin de limites”.

Conclusion?
A chacun la sienne!
La finesse d'esprit, disait un sage, consiste à s'abstenir de conclure.
Dont acte!

Du même auteur

Psychologie

Des sangs... des hommes *(CDRS 1995)*
Comment choisir sa psychothérapie? *(Chiron 1998)*
(Ed.Polirom, pour la traduction en Roumain, ss le titre "Incursion in psicothérapie")
Plus jamais seul *(Labor 1999)*
Le Choix Amoureux *(Labor 1999 – Odiçè 2013)*
Etre intime *(Odicè 2014)(paru ss le titre : Je m'aime ... toi aussi! (Labor 2000)et (Ed.Sempré-em-pé, pour la traduction portugaise ss le titre "Intimidade")*
Garder ses amis, nourrir ses amours *(Labor2001)*
Anatomie du sexisme ordinaire *(Labor 2002)*
La guerre des sexes: un avenir? *(Odin 2001)*
Violences: côté face et profil *(Odin 2002)*
Le monde à l'envers *(Harmattan 2020)*
Le triangle magique *(Ed.Namuroises 2007)*
Péchés capitaux, péchés capiteux *(Odin 2003)*
Eduquer, c'est aussi punir *(Labor 2002/Odiçè 2013)*
Où va le monde! *(Ed.Convaincre 2004)*
Les psychothérapies humanistes *(Editions Namuroises 2004)*
Psychothérapie: voyage au coeur de soi *(Labor 2005)*
FaçonS de penser *(Odicè 2014)*

Théâtre

Jeu de Scène *(Edilivre 2017)*
Crime à Châtimand *(Edilivre 2017)*
Toto le Zéro- Nuit blanche- Dernier tango *(Edilivre 2017)*
Une nuit en Sologne *(Edilivre 2017)*
L'Affaire Chabeau *(1995/2001)*
Le don d'Odile *(Chloé des Lys 2006)*
L'Audition *(Edilivre 2018)*
L'Affaire Néouge
Une lettre pour vous, Monsieur Granville
L'arme à gauche

Printed by Books on Demand GmbH, Norderstedt / Germany